FOOD
LOOK
BOOK
KÖLN
NEW
YORK

FÜR

NORDSEE

KABELJAU

Das Leckere am Fisch ist, dass er so vielseitig schmeckt. Lachs, Matjes oder Kabeljau: Jeder Fisch hat seinen eigenen, ganz besonderen Geschmack. Doch erst das richtige Rezept macht aus dem frischen Fisch einen feinen Genuss. Bei NORDSEE können Sie das schmecken. In unseren Restaurants bieten wir unseren Gästen eine große Vielfalt delikat zubereiteter Fischspezialitäten an. Zum Beispiel den NORDSEE Kabeljau. Wie abwechslungsreich dieser Fisch auch zu Hause schmecken kann, zeigen wir Ihnen auf den folgenden Seiten.

Viel Spaß beim Kochen und guten Appetit wünscht

Ihre NORDSEE

1
ALLES ÜBER KABELJAU

Worauf man bei der Auswahl eines frischen Kabeljaus achten muß: Der Kopf sollte groß sein, der Schwanz klein, die Schultern dick, die Leber sahnig weiß und die Haut rein und silbrig schimmernd mit bronzefarbigem Glanz.

Aus einem Handbuch der britischen Admiralität

Aufgrund seines zahlreichen Vorkommens ist der Kabeljau, der als Jungfisch Dorsch genannt wird, in der anspruchsvollen Küche immer noch unterschätzt. Große Köche haben an ihrer Wertschätzung für diesen edlen Fisch mit dem feinen Fleisch nie Zweifel gelassen.

„Kabeljau ist herrlich -

wie sich das Fleisch weißblättrig auffächert!“

Alain Senderens,
Chef des Pariser Luxusrestaurants Lucas-Carton

Man zerschneidet den Kabeljau in fünf oder sechs Stücke, die man mit Salz, Pfeffer, Petersilie, Schalotten, Knoblauch, Thymian, Lorbeerblatt, grünen Zwiebeln, Basilikum, alles klein gehackt, dem Saft zweier Zitronen und zerlassener Butter mariniert. Man bestreicht die Stücke mit der Marinade, paniert sie und gart sie in einer Bratröhre.

„Le Grand Dictionaire de Cuisine“
von Alexandre Dumas 1873

2

KABELJAU IN DER KÜCHE

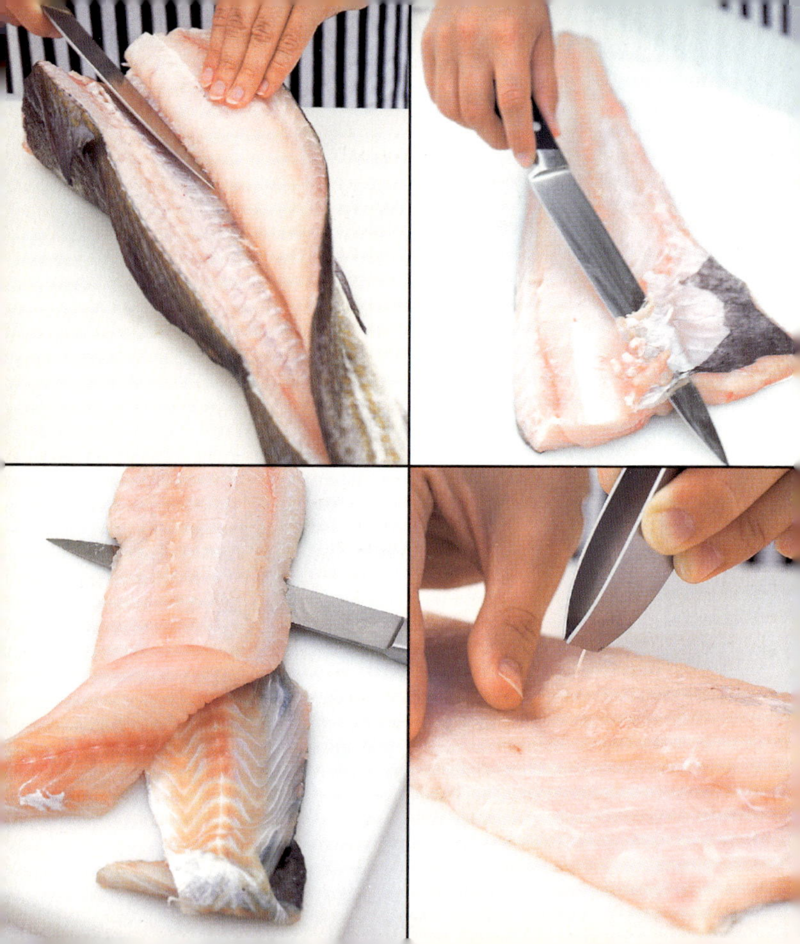

Filetieren

Step 1

Das Kabeljaufilet den Gräten entlang mit einem scharfen Filetiermesser sauber ablösen.

Step 2

Den Bauchlappen an den Gräten entlang mit einem langen, scharfen Filetiermesser entfernen.

Step 3

Kabeljauhaut von hinten nach vorne mit einem scharfen Filetiermesser gleichmäßig abtrennen.

Step 4

Die Gräten vom Kopfansatz abwärts mit der Pinzette herausziehen.

dämpfen

Dämpfeinsatz mit Kräutern und Gewürzen auslegen. Kabeljaurückenstück von 180 g hineinlegen und über Wasserdampf etwa 10 Minuten garen.

in wenig Öl braten

Kabeljaukoteletts von etwa160 g in einer Pfanne jeweils 3 Minuten auf jeder Seite bei mittlerer Hitze garen. Vorsichtig mit einer Palette wenden.

kochen

Kabeljaufilet von etwa 180 g in siedenden Wurzelsud legen und völlig bedeckt halten. Beiseite stellen und etwa 8 Minuten garen.

garen in Folie

Mehrere Kabeljaustücke von insgesamt 160 g auf Backpapier legen. Mit Flüssigkeit und Gewürzen bedecken, mit Papier umhüllen, gut verschließen und im 240 °C heißen Ofen etwa 6 Minuten garen.

in reichlich Öl braten

Kabeljaufilet von 140 g panieren. In einer Mischung aus Öl und Butter jeweils 3 Minuten auf jeder Seite bei mittlerer Hitze garen. Vorsichtig mit einer Palette herausnehmen.

3
ZUTATEN UND GEWÜRZE

grober Senf

bunter Pfeffer

dämpfen

Schalotten, Fenchelblüten, Fenchelgrün, Basilikum und Fenchelsamen durchdringen den Kabeljau beim Garen über Dampf angenehm und unterstützen so den feinen Geschmack.

in wenig Öl braten

Knoblauch, Petersilie, Zitronenfilets, Kapern und grobes Meersalz ergänzen das Aroma des Kabeljaus beim Braten bestens.

kochen

Lorbeerblätter, Nelken, Pimentkörner, schwarzer Pfeffer und Weißwein aromatisieren die Flüssigkeit beim Kochen.

garen in Folie

Zitronenspalten, Lauchzwiebeln, Petersilie, Meersalz und grob geschroteter schwarzer Pfeffer unterstützen den Geschmack des Kabeljaus beim Garen in der Folie.

in reichlich Öl braten

Edelsüßer Paprika, Salz, weißer Pfeffer und Zitronensaft verstärken das Aroma des Kabeljaus beim Backen in der Panade.

4

KLEINE KÜCHEN HELFER

Verschließbare Behälter zum Aufbewahren von Soßen

Topf mit Dämpfeinsatz zum schonenden Garen über Dampf

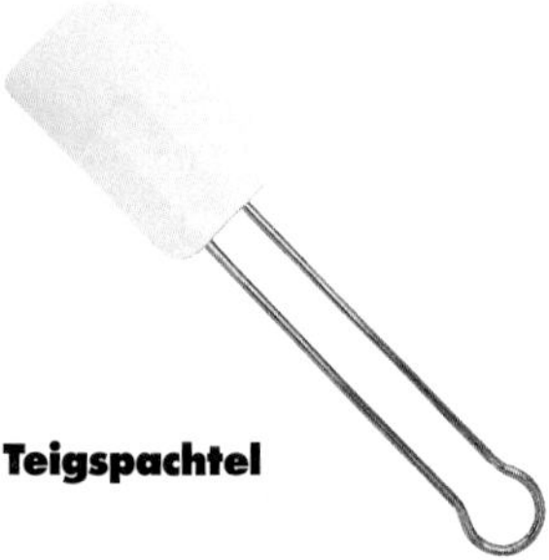

Teigspachtel

Gewürzsäckchen zum Würzen von Garflüssigkeiten

Beschichtete Pfanne zum Braten ohne anzuhaften

Flacher Schmortopf zum Garen im Wurzelsud

Ovaler Schmortopf zum Garen von ganzen Fischen

Schneebesen zum Aufschlagen und Verrühren

5

EINFACHE UND SCHNELLE GERICHTE

Kabeljau mit Zucchini-Mozzarella-Kruste und Thymian

Zutaten für 4 Personen:

2 Mozzarella à 125 g
2 mittelgroße Zucchini
2 EL Olivenöl
4 Kabeljaufilets à 160 g
Salz
schwarzer Pfeffer aus der Mühle
Saft einer halben Zitrone
2 rote Zwiebeln, in Ringe geschnitten
1/4 l Tomatensaft
1/2 Bund Thymian
Butter zum Fetten der Form

1. Mozzarella in dünne Scheiben schneiden. **2.** Zucchini waschen und in 1/2 cm dicke Scheiben schneiden. Zucchinischeiben salzen und etwas stehen lassen. Die entstandene Flüssigkeit mit einem Küchentuch abtupfen. Olivenöl in einer Pfanne erhitzen, die Zucchinischeiben darin von beiden Seiten goldgelb braten und mit Pfeffer würzen. **3.** Kabeljaufilets salzen und pfeffern und mit Zitronensaft beträufeln. Kurz marinieren. **4.** Dann die Fischfilets mit Zucchini- und Mozzarellascheiben dachziegelartig belegen. Zwiebelringe in eine gefettete längliche Auflaufform geben, mit abgeschmecktem Tomatensaft begießen und die belegten Kabeljaustücke darauf setzen. **5.** Im vorgeheizten Backofen bei 200 °C etwa 10 Minuten garen. **6.** Zum Schluß mit frischen Thymianblättern bestreuen und servieren.

Tipp:
Soll der Fisch eine knusprige Kruste bekommen, schaltet man noch wenige Minuten den Grill dazu.

Sandwich mit pikantem Kabeljausalat

Zutaten für 4 Personen:

500 g Kabeljaufilet, in Scheiben geschnitten
Salz
schwarzer Pfeffer aus der Mühle
1 EL Olivenöl
2 frische Landeier, hart gekocht
2 mittelgroße Essiggurken
150 g Mayonnaise
1 EL Crème fraîche
1 EL scharfer Senf
Msp Paprikapulver, scharf
1 EL Kapern, gehackt
1 weiße Zwiebel, in Würfel geschnitten
1 Kopf Eisbergsalat
16 Scheiben Sandwichbrot
3 Tomaten, in Scheiben geschnitten

1. Kabeljaufilet mit Salz und Pfeffer würzen. Olivenöl in einer Pfanne erhitzen und die Kabeljauscheiben darin kurz braten. **2.** Abkühlen lassen, dann mit einer Gabel zerpflücken. **3.** Die Eier schälen und wie die Essiggurken in kleine Würfel schneiden. **4.** Mayonnaise mit Crème fraîche verrühren, mit Senf, Paprikapulver, Salz und Pfeffer pikant würzen und die Kabeljaufiletstücke, Essiggurken, Eiern, Kapern und Zwiebelwürfel untermischen. **5.** Eisbergsalat halbieren, waschen, den Strunk entfernen und die Hälften in mundgerechte Stücke teilen. **6.** Je eine Brotscheibe mit Salat, Kabeljaucreme und Tomatenscheiben belegen. Mit einer weiteren Brotscheibe belegen und diagonal halbieren. Pro Person rechnet man je nach Appetit 3 - 4 belegte Sandwichhälften.

Tipp:

Die pikanten Sandwiches sind zusammen mit einem gut gekühlten, fruchtigen Roséwein ideal für ein Picknick im Grünen.

Kartoffelomelette mit Kabeljau und dicken Bohnen

Zutaten für 4 Personen:

700 g Fave (junge dicke Bohnen), enthülst
800 g Pellkartoffeln, gegart
3 EL Olivenöl
1 Zwiebel, in kleine Würfel geschnitten
6 junge Knoblauchzehen
3 Lorbeerblätter
600 g Kabeljaufilet, pochiert
feines Meersalz
schwarzer Pfeffer aus der Mühle
8 frische Landeier

1. Die Bohnen in kochendem Salzwasser 1 Minute bissfest garen, abgießen und mit kaltem Wasser abschrecken. **2.** Abgekühlte Kartoffeln schälen und in 1 cm dicke Scheiben schneiden. Das Öl in einer Pfanne erhitzen und die Kartoffelscheiben darin von beiden Seiten goldgelb braten. **3**. Zwiebelwürfel, Knoblauch und Lorbeerblätter zugeben und weitere 4 Minuten mit anschwitzen. **4.** Den pochierten Kabeljau mit einer Gabel in mundgerechte Stücke zerpflücken und zu den Kartoffeln geben. Mit Salz und Pfeffer würzen. **5.** Eier aufschlagen, über den Kartoffeln verteilen und würzen. Bei mittlerer Hitze stocken lassen.

Panierter Kabeljau mit Kräuterbutter

Zutaten für 4 Personen:

- 150 g Butter
- 5 EL gemischte, gehackte Kräuter (Dill, Petersilie, Schnittlauch, Estragon)
- Saft einer halben Zitrone
- Salz
- schwarzer Pfeffer aus der Mühle
- 4 Kabeljaurückenfilets à 200 g
- 3 frische Landeier
- 1 Msp Paprikapulver
- etwas Mehl
- geriebenes Weißbrot zum Panieren
- Butterschmalz zum Braten

1. Butter mit den Schneebesen des Handrührgeräts cremig schlagen. Kräuter, Zitronensaft, Salz und Pfeffer hinzufügen. Halbieren, zu zwei Rollen formen, mit Alufolie umhüllen und in den Kühlschrank legen. **2.** In jedes Kabeljaufilet seitlich eine Tasche schneiden, zwei Scheiben kalte Kräuterbutter hineinlegen und wieder fest zusammendrücken. Den Fisch mit Salz und Pfeffer würzen. **3.** Eier mit Salz und Paprikapulver abschmecken. Die Fischportionen erst in Mehl, dann in Ei und abschließend in geriebenem Weißbrot wenden. Diesen Vorgang nochmals wiederholen, damit die Kräuterbutter beim Braten nicht so leicht ausläuft. Durch die dickere Panade bleibt der Fisch besonders saftig. **4.** Butterschmalz in einer Pfanne erhitzen und die gefüllten Kabeljaufilets darin bei mittlerer Hitze von beiden Seiten goldgelb braten. **5.** Mit gemischtem Salat und Stampfkartoffeln mit Röstzwiebeln servieren.

Gebratener Kabeljau auf Tomaten-Carpaccio und Pesto

Zutaten für 4 Personen:

4 Kabeljaufilets à 150 g
Saft einer halben Zitrone
Olivenöl zum Braten
6 Tomaten, gewaschen
8 EL Vinaigrette - siehe Tipp
1 Zwiebel, in kleine Würfel geschnitten
1 Knoblauchzehe, fein gehackt
1 EL gemischte Kräuter, gehackt
kleine Basilikumblätter zum Garnieren

Für das Pesto:

1 Bund Basilikum
1/2 Bund Petersilie
80 g Parmesan, frisch gerieben
30 g Pinienkerne
1 Knoblauchzehe
120 ml Olivenöl
4 EL Vollmilch
Salz
schwarzer Pfeffer aus der Mühle
frisch geriebene Muskatnuss

1. Kabeljau mit Salz, Pfeffer und Zitronensaft würzen und in heißem Olivenöl goldgelb braten. **2.** Tomaten in dünne Scheiben schneiden und auf Tellern anrichten. Vinaigrette mit Zwiebelwürfeln, Knoblauch und gehackten Kräutern verrühren und die Tomaten damit beträufeln. **3.** Für das Pesto alle Zutaten in einer Küchenmaschine fein pürieren. Olivenöl und Milch langsam unterrühren. Mit Salz, Pfeffer und Muskatnuss kräftig würzen. **4.** Kabeljau auf den Tomaten anrichten, mit Pesto beträufeln und mit Basilikumblättern garnieren. **5.** Mit Olivenbrot oder Ciabatta servieren.

Tipp:

Folgende Zutaten zu einer Vinaigrette verrühren: 4 EL Obstessig, 1/2 TL scharfer Senf, 6 EL Sonnenblumenöl, 1 EL Schalottenwürfel, Salz, Zucker, weißer Pfeffer aus der Mühle.

6

VORSPEISEN

Grundzubereitung: Olivenpaste

Zutaten für 4 Personen:

50 geschälte Mandeln
60 g schwarze Oliven, entsteint
60 g grüne Oliven, entsteint
3 Knoblauchzehen, geschält
1/8 l Olivenöl, kalt gepreßt
1 TL Kapern
2 Sardellenfilets
Salz
schwarzer Pfeffer aus der Mühle
1/2 Bund Petersilie

1. Mandeln in einer Pfanne ohne Fett goldgelb rösten, abkühlen lassen und fein hacken. **2.** Oliven und Knoblauchzehen mit dem Stabmixer fein pürieren und dabei nach und nach das Olivenöl hinzufügen. **3.** Kapern und Sardellen fein hacken und mit den Mandeln unter die Olivenpaste rühren. **4.** Mit Salz und Pfeffer kräftig würzen und zum Schluß die gehackte Petersilie untermischen.

Grundzubereitung: geriebenes Weißbrot

Frisches Weißbrot oder Toastbrotscheiben entrinden, in grobe Würfel schneiden und in einer Moulinette fein mixen. Weißbrot noch zusätzlich durch ein grobmaschiges Sieb geben. Dieses geriebene Weißbrot ist eine optimale Alternative zu Semmelbröseln. Achten Sie beim Braten darauf, daß die Hitze nicht zu stark ist. Geriebenes Weißbrot ist ebenfalls sehr gut zum Überbacken geeignet.

Kabeljau auf Kuskus mit Zwiebelsalat

Zutaten für 4 Personen:

- 400 ml Gemüsebrühe
- 1/2 TL Kurkuma *
- Salz
- schwarzer Pfeffer aus der Mühle
- 400 g Kuskus
- 4 kleine, rote Zwiebeln
- 1 rote Paprikaschote
- 4 Kabeljaufilets à 160 g
- 2 EL Butter
- 8 EL Vinaigrette - siehe Seite 34
- 2 EL gehackte Kräuter
(Kerbel, Petersilie, Dill)

1. Gemüsebrühe zum Kochen bringen und das Kurkuma darin auflösen. Mit Salz und Pfeffer würzen. Kuskus in eine Schüssel füllen, mit der Gemüsebrühe übergießen und quellen lassen. **2.** Zwiebeln schälen und in hauchdünne Ringe schneiden. **3.** Den Stengelansatz der Paprikaschote abschneiden, die Kerne entfernen und die Schote in dünne Ringe schneiden. **4.** Kabeljaufilets mit Salz und Pfeffer würzen und in heißer Butter bei schwacher Hitze von beiden Seiten goldgelb braten. **5.** Vinaigrette mit Kräutern vermischen. **6.** Einige Zwiebelringe auf Tellern verteilen, den aufgelockerten Kuskus daraufgeben und mit gebratenen Kabeljaufilets belegen. Die Paprikaringe darüber verteilen und nochmals mit Kuskus und Zwiebelringen bedecken. Mit der Kräuter-Vinaigrette beträufeln.

* in Asiengeschäften erhältlich

Brotsalat mit Kabeljau, Eiern und Kapern

Zutaten für 4 Personen:

- 1 Knoblauchzehe, fein gehackt
- 3 Anchovisfilets, fein gehackt
- 1/2 gelbe Paprikaschote, geschält
- 2 frische Landeier, hart gekocht
- 2 - 3 EL Rotweinessig
- Salz
- Zucker
- schwarzer Pfeffer aus der Mühle
- 8 EL Olivenöl
- 500 g Kabeljaufilet, pochiert
- 1 Baguette vom Vortag
- 3 Tomaten
- 1 kleine Salatgurke, geschält
- 1 weiße Zwiebel, geschält
- 2 EL Kapernäpfel
- 1/2 Bund Petersilie

1. Knoblauch und Anchovis in einem Mörser fein zerreiben. **2.** Paprika und geschälte Eier in grobe Würfel schneiden. Mit Essig, Salz, Zucker und Pfeffer würzen und das Öl unterrühren. **3.** Kabeljau in mundgerechte Stücke zerpflücken und untermischen. **4.** Das Baguette in 2 cm große Stücke zupfen. Tomaten und Gurke in Würfel schneiden und mit dem zerpflückten Brot mischen. **5.** Die Zwiebel in dünne Scheiben schneiden. **6.** Brotwürfel vorsichtig unter den Kabeljausalat mischen und nochmals abschmecken. **7.** Zum Schluß die Zwiebelringe und Kapernäpfel unterheben und mit Petersilienblättern dekorieren.

Glasnudelsalat mit Kabeljau

Zutaten für 4 Personen:

200 g Glasnudeln
1 Bund Lauchzwiebeln
1 frische rote Chilischote
400 g Kabeljau, gedämpft
1 Knoblauchzehe, fein gehackt
Saft von 2 Limetten
5 EL helle Sojasoße
einige Tropfen Sesamöl
2 EL Erdnüsse, gehackt
einige Limettenspalten zum Garnieren

1. Die Glasnudeln kurz in kochendes Wasser geben, abgießen und sofort mit kaltem Wasser abschrecken. Mit einer Küchenschere etwas kleiner schneiden. **2.** Von den Lauchzwiebeln die Wurzeln entfernen und diese in schräge, feine Ringe schneiden. Chilischoten halbieren, entkernen und in kleine Würfel schneiden. **3.** Kabeljau mit einer Gabel zerpflücken, mit Knoblauch und den vorbereiteten Zutaten zu den Glasnudeln geben. **4.** Mit Limettensaft, Sojasoße und Sesamöl anmachen und eine halbe Stunde marinieren. **5.** In der Zwischenzeit Erdnüsse in einer Pfanne ohne Fett hellbraun rösten. **6.** Salat nochmals abschmecken, dann in Portionsschalen oder auf einer großen Platte anrichten. Mit gerösteten Erdnüssen und Limettenspalten garnieren.

Tipp:

Je nach Geschmack kann man gebratene Garnelen, Pilze oder schwarze Sesamkörner unter den Salat mischen.

Frittierte Kabeljaubällchen auf süßsaurem Paprikagemüse

Zutaten für 4 Personen:

300 g mehlig kochende Kartoffeln
1/2 l Fischsud
1 Lorbeerblatt
400 g Kabeljaufilet, in Würfel geschnitten
1 rote Paprikaschote
1 gelbe Paprikaschote
2 mittelgroße Zucchini
200 g Perlzwiebeln, geschält
2 EL Olivenöl
Zucker
etwas Aceto Balsamico
Salz
schwarzer Pfeffer aus der Mühle
2 Eigelb
2 Eiweiß, steif geschlagen
1 EL Petersilie, fein gehackt
1 EL Schnittlauch, fein geschnitten
1 EL Speisestärke
frisch geriebene Muskatnuss
Mehl zum Wenden
Fett zum Frittieren

1. Kartoffeln waschen, schälen und in kleine Würfel schneiden. Fischsud mit dem Lorbeerblatt erhitzen und die Kartoffeln darin in etwa 20 Minuten weich kochen. Kurz vor Ende der Garzeit den Fisch einlegen und kurz mitgaren.
2. Die Paprikaschoten halbieren, entkernen und wie die Zucchini in etwa 2 cm große Rauten schneiden. **3.** Perlzwiebeln je nach Größe halbieren und in heißem Olivenöl anbraten. Paprika und Zucchini zugeben, mit etwas Zucker bestreuen und hell karamellisieren lassen. Mit Aceto Balsamico ablöschen und zugedeckt weich dünsten. Falls nötig etwas Brühe hinzufügen. Mit Salz und Pfeffer würzen. **4.** Den Fisch aus dem Kochsud nehmen und zerpflücken. Die Kartoffeln herausheben, durch die Kartoffelpresse drücken und Fisch, Kräuter, Eigelb und Speisestärke zugeben. Würzen und das Eiweiß unterheben.
5. Walnußgroße Bällchen formen, in Mehl wenden und in heißem Fett goldgelb frittieren. Mit dem Paprikagemüse und knusprigem Ciabattabrot servieren.

Salat von gekochtem Kabeljau in der Artischocke

Zutaten für 4 Personen:

4 große Artischocken
Saft von 2 Zitronen
1 Bund Suppengrün
1 Spickzwiebel *
1 Thymianzweig
1/2 gelbe, rote und grüne Paprikaschote
1 Bund Frühlingszwiebeln
400 g Kabeljaufilet, gedämpft
1 EL Mayonnaise
1 EL Crème fraîche
1 TL scharfer Senf
1 EL Estragonessig
Zucker, Salz
schwarzer Pfeffer aus der Mühle
Cayennepfeffer
3 EL Vinaigrette - siehe Seite 34
Kerbelblätter zum Garnieren

* geschälte Zwiebel, gespickt mit 1 Lorbeerblatt und 2 Gewürznelken

1. Stiele der Artischocken herausdrehen, äußere Blätter abzupfen und die Spitzen knapp über dem Boden abschneiden. Blattansätze und harte Stellen abschälen. Das Innere (Heu) mit einem kleinen Löffel herauslösen. Böden sofort mit etwas Zitronensaft beträufeln. Artischockenböden in Zitronenwasser mit Suppengrün, Spickzwiebel und Thymian 10 Minuten kochen und im Sud etwas abkühlen lassen. **2.** Paprikaschoten in 1/2 cm kleine Würfel schneiden, Frühlingszwiebeln schräg in Ringe schneiden. **3.** Kabeljaufilet in mundgerechte Stücke zupfen, mit Gemüse vermengen. Crème fraîche und Mayonnaise verrühren und mit Senf, Essig, Zucker, Salz, Pfeffer und Cayennepfeffer würzen. **4.** Artischocken lauwarm mit der Vinaigrette marinieren und mit dem angemachten Fischsalat füllen. Mit Kerbelblättern garnieren und mit frischem Weißbrot servieren.

Kabeljau in Pfefferbackteig auf Kräutersalat

Zutaten für 4 Personen:

- 3 Eiweiß
- 300 g Mehl
- 1 TL Backpulver
- 360 ml Bier
- 3 Eigelb
- 8 EL Öl
- 2 EL bunter Pfeffer, grob geschrotet
- 800 g Kabeljaufilet
- Salz
- 1 Bund Dill
- 1 Bund Petersilie
- 1 Handvoll frischer Kerbel
- 2 Bund Schnittlauch
- Saft von 1 Zitrone
- 2 EL Olivenöl
- 200 g Naturjoghurt
- 100 g Crème fraîche
- Zucker
- Öl zum Ausbacken

1. Für den Backteig das Eiweiß halb steif schlagen. Mehl mit Backpulver, Bier, Eigelb und Öl in einen hohen Becher geben und mit dem Pürierstab zu einem glatten Teig verquirlen. Das Eiweiß vorsichtig unterheben. Mit Salz und geschrotetem Pfeffer würzen.
2. Das Kabeljaufilet in 5 cm große Stücke schneiden und salzen. **3.** Die Kräuter waschen und trockenschütteln. Von Dill, Petersilie und Kerbel die Blätter abzupfen. 1 Bund Schnittlauch in 3 cm große Stücke schneiden. Die Kräuter mit etwas Zitronensaft, Olivenöl, Salz und Pfeffer würzen. **4.** Joghurt mit Crème fraîche und restlichem Zitronensaft, etwas Salz, Zucker und Pfeffer würzig abschmecken. 1 Bund Schnittlauch fein schneiden und unterrühren. **5.** Kabeljaustücke mit einer Gabel in den Backteig tauchen und in heißem Öl goldgelb ausbacken. Auf Küchenpapier abtropfen lassen und mit dem Kräutersalat und der Joghurtsoße servieren.

Bratfisch von Kabeljau auf Glasbläser Art

Zutaten für 4 Personen:

- 2 Karotten, geschält
- 1 Lauchstange, halbiert
- 2 rote Zwiebeln, geschält
- 2 EL Sonnenblumenöl
- 2 EL Zucker
- 1/8 l Obstessig
- 3/4 l Wasser
- 1/2 TL Wacholderbeeren
- 1/2 TL weiße Pfefferkörner
- 3 Nelken
- 1/2 TL Senfkörner
- 2 Lorbeerblätter
- 1/2 Zitrone in Scheiben
- 8 Stück Kabeljaufilets à 80 g
- Salz
- weißer Pfeffer aus der Mühle
- Mehl zum Bestäuben
- Öl zum Braten
- einige Dillzweige

1. Karotten, gewaschenen Lauch und Zwiebeln schräg in grobe Scheiben schneiden und in Öl anschwitzen. Mit Zucker bestreuen, leicht karamellisieren lassen und mit Essig und Wasser ablöschen. Gewürze und Zitronenscheiben dazugeben und 10 Minuten leicht köcheln lassen. **2.** Kabeljaustücke mit Salz und Pfeffer würzen, mit Mehl bestäuben und in Öl goldgelb braten. **3**. Den Sud nochmals kräftig mit Essig und Zucker abschmecken, gebratenen Fisch einlegen und im Kühlschrank, am besten über Nacht, marinieren. **4.** Zum Schluß die abgezupften Dillblätter untermischen und mit Pellkartoffeln, Pumpernickel oder Schwarzbrot servieren.

Kabeljau mit Peperonata auf geröstetem Weißbrot

Zutaten für 4 Personen:

- 2 gelbe Paprikaschoten
- 2 rote Paprikaschoten
- 2 Knoblauchzehen, geschält
- 3 EL Olivenöl
- Zucker
- 1 Spritzer Weinessig
- Salz, Cayennepfeffer
- 500 g Kabeljaufilet
- schwarzer Pfeffer aus der Mühle
- Olivenöl zum Braten und Beträufeln
- 1 Stange französisches Weißbrot
- 1 Knoblauchzehe, halbiert
- 1/2 Bund Petersilie, fein gehackt

1. Paprikaschoten halbieren, entkernen und mit einem Sparschäler dünn schälen. Die Hälften in dünne Streifen schneiden. **2.** Knoblauch fein hacken und in erhitztem Olivenöl glasig braten. Paprikastreifen dazugeben, mit etwas Zucker bestreuen und leicht karamellisieren lassen. Mit einem Spritzer Weinessig ablöschen und zugedeckt bei schwacher Hitze sämig einkochen lassen. Die Paprikastreifen sollten weich, aber nicht verkocht sein (falls nötig noch etwas Wasser zugeben). Mit Salz und etwas Cayennepfeffer würzen. **3.** Kabeljau in schräge, etwa 1 cm dicke Scheiben schneiden und mit Salz und Pfeffer würzen. **4.** Den Kabeljau in heißem Olivenöl von beiden Seiten goldgelb braten. **5.** Weißbrot in Scheiben schneiden und toasten. Mit etwas Olivenöl beträufeln und mit den Schnittflächen der Knoblauchzehe einreiben. Die Peperonata mit dem gebratenen Kabeljau und dem Weißbrot servieren.

Kabeljau mit Senfmousse in Koriandergelee

Zutaten für 8 - 10 Personen:
10 Blatt Gelatine
200 g Sauerrahm
2 EL grober Senf
Salz
weißer Pfeffer aus der Mühle
1/2 l Fischsud, heiß
100 g geschlagene Sahne
1 Bund Koriander, fein gehackt
460 g Kabeljaufilet, gedämpft

1. 3 Blatt Gelatine in kaltem Wasser einweichen. Sauerrahm mit Senf verrühren und mit Salz und Pfeffer abschmecken. Ausgedrückte Gelatine in 2 EL heißem Fischsud auflösen und unter den Sauerrahm rühren. Die Sahne vorsichtig unterheben. **2.** Halbrunde Terrinenform kalt ausspülen und mit Klarsichtfolie auskleiden. Die Senfmousse einfüllen und kühl stellen. **3.** Restliche Gelatine ebenfalls kalt einweichen, ausdrücken und im restlichen heißen Fischsud auflösen. Abkühlen lassen und den Koriander unterrühren. **4.** Kurz vor dem Stocken etwas Flüssigkeit auf die Senfmousse geben, Kabeljaufilets gleichmäßig darauf verteilen und kühl stellen. **5.** Mit restlichem Gelee aufgießen und am besten über Nacht erkalten lassen. **6.** Stürzen, Folie abziehen und in 1 cm dünne Scheiben schneiden. **7.** Mit Bratkartoffeln und Salat servieren. Köstlich dazu: Kressedip aus 200 g Crème fraîche, etwas Zitronensaft und 1 Kästchen abgeschnittener Gartenkresse. Fein pürieren und mit Salz und Pfeffer würzen.

Gebackener Kabeljau mit Kartoffel-Radieschen-Salat

Zutaten für 4 Personen:

600 g fest kochende Kartoffeln
Salz
etwas Kümmel
1 Bund Radieschen, fein gehobelt
1 Zwiebel, in kleine Würfel geschnitten
5 EL Sonnenblumenöl
5 EL Obstessig
100 ml kräftige Rinderbrühe
2 TL scharfer Senf
weißer Pfeffer aus der Mühle
4 Stück Kabeljaufilets à 200 g
Saft einer halben Zitrone
2 Eier
2 EL Mehl
1/2 TL Paprikapulver, edelsüß
geriebenes Weißbrot zum Panieren
Butterschmalz zum Braten
1 Zitrone, in Spalten geschnitten
1/8 l Mayonnaise
2 EL Sauerrahm
100 g Cornichons, fein gehackt
2 Sardellen, fein gehackt
1 EL Kapern, fein gehackt
1/2 Bund Petersilie, fein gehackt
1 EL Senf, etwas Zitronensaft

1. Kartoffeln waschen und in der Schale mit Salz und Kümmel kochen. Wasser abgießen und ausdampfen lassen. Lauwarm schälen und in 1/2 cm dicke Scheiben schneiden. **2.** Radieschen salzen und etwas ziehen lassen. **3.** Die Zwiebelwürfel in Öl glasig braten, mit Essig ablöschen, mit Brühe aufgießen und über die Kartoffelscheiben gießen. Radieschenwasser abgießen. Senf mit Salz und weißem Pfeffer verrühren und mit den Radieschen unter die Kartoffeln mischen. Etwa 1 Stunde ziehen lassen. **4.** Kabeljaufilets mit Salz, Pfeffer und Zitronensaft würzen. Eier in einem tiefen Teller und mit Mehl und Paprikapulver verquirlen. Kabeljaufilets zuerst in der Eimischung, dann in geriebenem Weißbrot wenden. In heißem Butterschmalz bei mittlerer Hitze goldgelb braten.
5. Für die Remouladensoße die Mayonnaise mit den angegebenen Zutaten verrühren, mit Salz, Pfeffer und etwas Zitronensaft verrühren. Fisch mit Kartoffelsalat und Soße anrichten.

Kabeljauterrine mit Paprikamousse und Tapenade

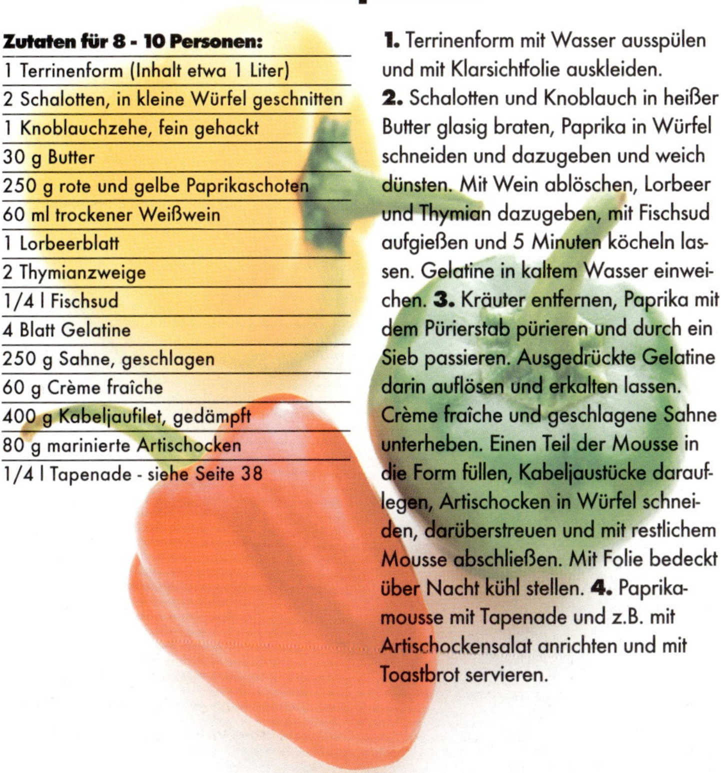

Zutaten für 8 - 10 Personen:

1 Terrinenform (Inhalt etwa 1 Liter)
2 Schalotten, in kleine Würfel geschnitten
1 Knoblauchzehe, fein gehackt
30 g Butter
250 g rote und gelbe Paprikaschoten
60 ml trockener Weißwein
1 Lorbeerblatt
2 Thymianzweige
1/4 l Fischsud
4 Blatt Gelatine
250 g Sahne, geschlagen
60 g Crème fraîche
400 g Kabeljaufilet, gedämpft
80 g marinierte Artischocken
1/4 l Tapenade - siehe Seite 38

1. Terrinenform mit Wasser ausspülen und mit Klarsichtfolie auskleiden.
2. Schalotten und Knoblauch in heißer Butter glasig braten, Paprika in Würfel schneiden und dazugeben und weich dünsten. Mit Wein ablöschen, Lorbeer und Thymian dazugeben, mit Fischsud aufgießen und 5 Minuten köcheln lassen. Gelatine in kaltem Wasser einweichen. **3.** Kräuter entfernen, Paprika mit dem Pürierstab pürieren und durch ein Sieb passieren. Ausgedrückte Gelatine darin auflösen und erkalten lassen. Crème fraîche und geschlagene Sahne unterheben. Einen Teil der Mousse in die Form füllen, Kabeljaustücke darauflegen, Artischocken in Würfel schneiden, darüberstreuen und mit restlichem Mousse abschließen. Mit Folie bedeckt über Nacht kühl stellen. **4.** Paprikamousse mit Tapenade und z.B. mit Artischockensalat anrichten und mit Toastbrot servieren.

7 SUPPEN

Currysuppe mit Kabeljau und Pfahlmuscheln

Zutaten für 4 Personen:

- 1 dünne Lauchstange
- 1/2 Fenchelknolle
- 1 Schalotte, in kleine Würfel geschnitten
- 1 EL Butter zum Anschwitzen
- 1/2 TL Curry
- einige Safranfäden
- 2 cl Noilly Prat (weißer Wermut)
- 100 ml l trockener Weißwein
- 3/4 l Fischsud
- 200 g Kabeljauwürfel vom Filet
- 150 g Pfahlmuscheln, ausgelöst
- 100 ml Sahne
- 2 EL Crème fraîche
- Salz
- 1 Msp Cayennepfeffer
- Basilikumblätter zum Garnieren

1. Lauchstange putzen und waschen, das Weiße in kleine Würfel schneiden. Fenchel putzen, waschen und in kleine Würfel schneiden. **2.** Schalotten-, Fenchel- und Lauchwürfel in heißer Butter anschwitzen. Mit Curry und Safranfäden bestäuben und mit Noilly Prat und Weißwein ablöschen. Einkochen lassen, dann den Fischsud dazugeben und nochmals auf die Hälfte einkochen lassen. **3.** Die Suppe mit dem Pürierstab fein pürieren. Kabeljauwürfel und Muscheln in die heiße Suppe geben. Nicht mehr kochen lassen, damit der Fisch saftig bleibt. **4.** Sahne und Crème fraîche verquirlen, unterrühren und mit Salz und Cayennepfeffer würzen. Mit fein geschnittenen Basilikumblättern bestreuen.

Tipp:

Man kann natürlich auch frische Muscheln verwenden. Dann benötigt man dafür 600 g Pfahlmuscheln.

Kohlrabisuppe mit Pfifferlingen und Kabeljau

Zutaten für 4 Personen:

2 junge Kohlrabi, geschält
1 Schalotte, in Würfel geschnitten
1 Knoblauchzehe, fein gehackt
2 EL Butter
250 g kleine Pfifferlinge, geputzt
Salz, weißer Pfeffer aus der Mühle
frisch geriebene Muskatnuss
1 EL Schnittlauch, fein geschnitten
1 EL Kerbelblätter, grob gehackt
250 g Kabeljaufilet
3/4 l Fischsud

1. Kohlrabi in 1 cm große Würfel schneiden. **2.** Schalottenwürfel und Knoblauch in 1 EL Butter glasig dünsten. Kohlrabiwürfel zugeben, Fischsud angießen und etwa 10 Minuten leise köcheln lassen. (Kohlrabiwürfel sollten noch Biss haben). **3.** Restliche Butter in einer zweiten Pfanne erhitzen und die Pfifferlinge darin anschwitzen. Mit Salz, Pfeffer und Muskatnuss würzen. Schnittlauch und Kerbel dazugeben. **4.** Kabeljau in schräge, 1 cm dicke Scheiben schneiden und im heißen Fischsud ziehen lassen. Die Suppe mit Salz und Pfeffer abschmecken. **5.** Heiße Kräuterpfifferlinge in vorgewärmte Suppenteller verteilen und mit Kohlrabi-Fischsuppe begießen. Mit warmem Knoblauchbaguette servieren.

Tipp:

Für das Knoblauchbaguette die Baguettescheiben mit Knoblauchbutter bestreichen und im heißen Ofen goldgelb überbacken.

Weiße Bohnensuppe mit gehacktem Ei und Kabeljau

Zutaten für 4 Personen:

200 g kleine, weiße Bohnen
1 Spickzwiebel *
1 Zweig Bohnenkraut
1 Zwiebel, in kleine Würfel geschnitten
150 g Suppengrün, klein geschnitten
1 Petersilienwurzel, klein geschnitten
40 g Butter
2 Thymianzweige
Salz
schwarzer Pfeffer aus der Mühle
frisch geriebene Muskatnuss
320 g Kabeljaufilet
2 frische Landeier, hart gekocht
1 EL Petersilie, fein gehackt

1. Die Bohnen über Nacht in 1 l Wasser einweichen. Am nächsten Tag die Bohnen in kaltem Wasser mit der Spickzwiebel und dem Bohnenkraut etwa 40 Minuten leise köcheln lassen. **2.** Zwiebel, Suppengemüse und Petersilienwurzel in Butter anschwitzen, Thymian zugeben, mit Salz und Pfeffer würzen. Zu den Bohnen geben, mit Salz, Pfeffer und Muskatnuss abschmecken. Spickzwiebel, Bohnenkraut und Thymianzweige entfernen. **3.** Kabeljaufilet in große Würfel schneiden und in der kräftig abgeschmeckten Bohnensuppe kurz ziehen lassen. **4.** Geschälte Eier in kleine Würfel schneiden. **5.** Suppe in vorgewärmten tiefen Tellern anrichten. Mit gehacktem Ei und Petersilie bestreuen und mit Weißbrot servieren.

* geschälte Zwiebel, gespickt mit 1 Lorbeerblatt und 2 Gewürznelken

Kürbissuppe mit Kabeljau und Dill

Zutaten für 4 Personen:

400 g Muskatkürbis (ohne Schale), grob geraspelt
Salz
1 EL Butter
1 kleine Knoblauchzehe, fein gehackt
1 TL Tomatenmark
1 TL Paprikapulver, edelsüß
1 Msp Currypulver
einige Spritzer Obstessig
1 Lorbeerblatt
3/4 l Brühe
schwarzer Pfeffer aus der Mühle
Cayennepfeffer
frisch geriebene Muskatnuss
100 g Sahne
200 g Kabeljau, in Würfel geschnitten
1 EL Butter
80 g Sahne, leicht geschlagen
1/2 Bund Dill

1. Den geraspelten Muskatkürbis leicht salzen und eine halbe Stunde stehen lassen. Das Kürbisfleisch gut ausdrücken. Butter zerlassen, Knoblauch darin anschwitzen und ausgedrücktes Kürbisfleisch zugeben. Bei schwacher Hitze dünsten, bis die Flüssigkeit fast verkocht ist. **2.** Tomatenmark zugeben, mit Paprikapulver und Currypulver stäuben. Sofort mit einigen Spritzern Obstessig ablöschen, damit das Paprikapulver nicht bitter schmeckt. Lorbeerblatt zufügen und mit Brühe aufgießen. **3.** 15 Minuten leise köcheln lassen. Mit dem Pürierstab mixen und durch ein Sieb passieren. Die Sahne dazugießen und mit Salz, Cayennepfeffer und Muskatnuss würzen. Nicht mehr kochen lassen. **4.** Kabeljauwürfel mit Salz und Pfeffer würzen und in heißer Butter kurz anbraten. **5.** Geschlagene Sahne unter die Suppe ziehen und mit dem Pürierstab schaumig mixen. Die Suppe in Teller füllen, die Kabeljauwürfel hineingeben und mit abgezupften Dillblättern bestreuen.

8

HAUPT GERICHTE

Grundzubereitung: Gemüsesud

Zutaten für 1 l Fond:
2 Zwiebeln, in kleine Würfel geschnitten
2 EL Olivenöl
1 Fenchelknolle
3 Karotten, geschält
3 Stangen Staudensellerie
1 Stange Lauch, in Stücke geschnitten
100 g Champignons, geputzt
1 Thymianzweig
1 Lorbeerblatt
einige Petersilienstängel
Salz,
einige schwarze Pfefferkörner
2 Gewürznelken
200 ml trockener Weißwein
1,5 l Wasser

1. Die Zwiebelwürfel in heißem Olivenöl glasig braten. Fenchel, Karotten und Staudensellerie grob zerkleinern, zu den Zwiebeln geben und kurz mit anschwitzen. **2.** Restliches Gemüse, die Kräuter, Salz, Pfefferkörner und Gewürznelken hinzufügen, ebenfalls mit anschwitzen, mit Weißwein und kaltem Wasser aufgießen. **3.** Etwa 15 Minuten bei schwacher Hitze köcheln lassen. Vorsichtig mit Salz würzen und durch ein feines Sieb gießen.

Tipp:

Gemüsebrühe kann gut auf Vorrat gekocht werden, denn sie hält sich im Kühlschrank bis zu einer Woche. Man kann sie aber auch ganz einfach portionsweise einfrieren.

Grundzubereitung: Backteig

Zutaten für 4 - 6 Personen:

- 300 g Mehl
- 1 TL Backpulver
- 360 ml Bier
- 3 Eigelb
- 8 EL Öl
- 3 Eiweiß
- Salz

1. Mehl mit Backpulver, Bier und Eigelb in einen hohen Becher geben und mit einem Stabmixer rasch zu einem glatten Teig verquirlen. **2.** Dann nach und nach das Öl unterrühren. Den Teig 10 - 15 Minuten quellen lassen, dann durch ein feines Sieb passieren, damit vorhandene Mehlklümpchen zurückbleiben. **3.** Das Eiweiß nicht zu steif schlagen und vorsichtig unter den Bierteig heben. Mit Salz würzen.

Grundzubereitung: Sauce Rouille

Zutaten für 1/4 l:

- 1 mehlig kochende Kartoffel, geschält
- 1 kleine Chilischote, entkernt
- 5 Knoblauchzehen, geschält
- einige Safranfäden
- 2 Eigelb
- 150 ml Olivenöl
- Salz

1. Kartoffel in wenig Salzwasser garen, abschütten und abdampfen lassen. **2.** Die klein geschnittene Chilischote mit den Knoblauchzehen, den Safranfäden und der durchgepressten Kartoffel im Mörser fein zerreiben. **3.** Erst das Eigelb mit einem Schneebesen unterrühren, dann nach und nach tropfenweise das Olivenöl. So lange rühren, bis eine homogene Masse entsteht. Mit Salz abschmecken.

Kabeljau im Gemüsesud und Schnittlauchbutter

Zutaten für 4 Personen:

1 l Gemüsesud - siehe Seite 66
1/2 l trockener Weißwein
Saft und Schale einer halben Zitrone
1/2 TL weiße Pfefferkörner
1/2 TL Korianderkörner
1/2 TL Senfkörner
1/2 TL Fenchelsamen
1 Lorbeerblatt
2 Gewürznelken
1 Spritzer Weißweinessig
Salz, Zucker
1 Lauchstange, geputzt
3 Selleriestangen, gewaschen
2 Karotten, geschält
1 Zwiebel, geschält
1 kg Kabeljaurückenfilets
200 g Butter
einige Spritzer Worcestersoße
schwarzer Pfeffer aus der Mühle
etwas Zitronensaft
1 TL Zitronenschale, fein geschnitten
1 Bund Schnittlauch, fein geschnitten

1. Den Fischsud mit Weißwein und den Gewürzen zum Kochen bringen und 5 Minuten köcheln lassen. Mit Essig, Salz und Zucker süßsäuerlich abschmecken. **2.** Lauch, Selleriestangen, Karotten und Zwiebeln in schmale Streifen schneiden. Zum Fischsud geben und weitere 2 Minuten köcheln. **3.** Den Kabeljau hineinlegen und darin etwa 10 Minuten ziehen lassen. **4.** Die Butter mit einem Schneebesen schaumig aufschlagen, mit Worcestersoße, Salz, Pfeffer, etwas Zitronensaft und Zitronenschale abschmecken, Schnittlauch unterrühren. **5.** Kabeljau mit Gemüsestreifen und etwas Sud in tiefen Tellern anrichten, Schnittlauchbutter auf dem heißen Fisch verteilen und mit Dampfkartoffeln oder Butterkartoffeln servieren.

Kabeljau mit Röstzwiebeln, Biersoße und Chicorée

Zutaten für 4 Personen:

- 1 Schalotte, in kleine Würfel geschnitten
- 3 EL Butter
- 1 Thymianzweig
- 1/2 l dunkles Bier
- 1/2 l Fischsud aus dem Glas
- 250 ml Crème fraîche
- 100 ml Sahne
- 4 Chicorée, geputzt
- 1 TL Puderzucker
- Saft einer halben Limette
- 4 Kabeljaufilets à 200 g
- 4 große Zwiebeln, in Ringe geschnitten
- Mehl zum Bestäuben
- Salz
- schwarzer Pfeffer aus der Mühle
- 1 TL Paprikapulver
- Butterschmalz zum Braten
- Öl zum Frittieren

1. Schalotten in 1 EL Butter andünsten, Thymianzweig zugeben und mit Bier ablöschen. Auf etwa 2/3 der Flüssigkeit einkochen lassen und mit Fischsud auffüllen. Ebenfalls auf 2/3 einkochen lassen. Mit Crème fraîche und Sahne aufgießen, aufkochen lassen und passieren.
2. Chicorée waschen, den Strunk herausschneiden und in 3 cm dicke Stücke schneiden. In restlicher Butter anschwitzen, mit Puderzucker bestäuben und mit Limettensaft ablöschen. Bei schwacher Hitze, ohne Farbe zu nehmen, garen. Falls nötig, mit etwas Wasser ablöschen. Mit Salz und Pfeffer würzen. **3.** Zwiebelringe mit Salz und Paprika würzen, mit Mehl bestäuben und in heißem Öl goldgelb frittieren. Auf Küchenpapier gut abtropfen lassen und salzen.
4. Kabeljaufilets mit Salz und Pfeffer würzen und in heißem Butterschmalz von beiden Seiten goldgelb braten. Mit Biersoße, geschmortem Chicorée und Röstzwiebeln servieren.

Hamburger Pfannfisch mit Senfbutter

Zutaten für 4 Personen:
3 weiße Zwiebeln, in Würfel geschnitten
30 g Butter
100 ml trockener Weißwein
150 ml Fischsud
1 EL Estragonessig
3 TL mittelscharfer Senf
Salz
schwarzer Pfeffer aus der Mühle
Cayennepfeffer
500 g gekochte Pellkartoffeln, geschält
2 EL Butterschmalz
800 g Kabeljaufilet, in Würfel geschnitten

1. Zwiebeln in Butter glasig dünsten, mit Weißwein und Fischsud ablöschen und auf ein Drittel einkochen lassen. Mit Senf, Salz und Cayennepfeffer abschmecken. Nicht mehr kochen lassen, damit der Senf nicht ausflockt. **2.** Kartoffeln in Scheiben schneiden. Butterschmalz erhitzen und die Kartoffeln goldgelb anbraten. Die Kabeljauwürfel hinzufügen und mit der Senf-Zwiebelsoße bedecken. **3.** Im Ofen bei 180 °C etwa 15 Minuten garen. Kurz vor Ende der Garzeit die Oberhitze zuschalten, damit der Pfannfisch etwas Farbe bekommt.

Tipp:

Dazu schmecken frischer grüner Salat und ein kühles Bier.

Kabeljau im Speckmantel mit Linsensoße und Rosmarinkartoffeln

Zutaten für 4 Personen:

- 30 g Räucherspeckstreifen
- 1 EL Butter
- 3 Schalotten, in kleine Würfel geschnitten
- 1 Knoblauchzehe, fein gehackt
- 80 g grüne Berglinsen, eingeweicht
- 8 kleine Champignons, geviertelt
- 1/2 TL Tomatenmark
- 1/4 l Fischsud
- 1 Thymianzweig
- Salz
- schwarzer Pfeffer aus der Mühle
- Zucker
- 4 cl Aceto Balsamico
- 8 mehlig kochende, mittelgroße Kartoffeln
- grobes Meersalz
- 1 frischer Rosmarinzweig
- Olivenöl zum Beträufeln
- 4 Kabeljaufilets à 200 g
- 8 hauchdünne Scheiben Räucherspeck
- 200 g Sahne
- 2 EL Crème fraîche
- Butterschmalz zum Braten
- 4 Lorbeerblätter

1. Speck in heißer Butter glasig braten. Schalotten, Knoblauch, Linsen und Champignons zugeben und kurz mit anbraten. Tomatenmark unterrühren, kurz mitrösten. Mit Fischsud aufgießen, Thymianzweig einlegen und etwa 25 Minuten köcheln lassen. Mit Salz, Pfeffer, etwas Zucker und Balsamicoessig würzen. **2.** Kartoffeln schälen, oben und unten eine Scheibe abschneiden, dann wie einen Apfel ringsherum schälen, so daß eine Kartoffelschlange entsteht. Wieder locker zusammendrehen, mit grobem Meersalz und Rosmarinnadeln bestreuen, mit Olivenöl beträufeln und auf einem Backblech im vorgeheizten Ofen bei 180 °C etwa 25 Minuten backen. **3.** Kabeljaufilets mit Salz und Pfeffer würzen und portionsweise mit 2 Speckscheiben umwickeln. **4.** Linsensoße mit Sahne und Crème fraîche verfeinern, nochmals abschmecken.
5. Kabeljaupäckchen in Butterschmalz mit Lorbeerblättern von beiden Seiten goldgelb braten und mit Linsensoße und Rosmarinkartoffeln servieren.

Kabeljau in Kartoffelkruste gebraten

Zutaten für 4 Personen:

- 4 mittelgroße, mehlig kochende Kartoffeln
- 1 Schalotte, in kleine Würfel geschnitten
- 1 Knoblauchzehe, fein gehackt
- 3 EL Olivenöl
- einige weiße Pfefferkörner
- 2 Stangen Staudensellerie, klein geschnitten
- 1 TL Tomatenmark
- 400 g Tomaten, klein geschnitten
- 1 Lorbeerblatt
- 1 Thymianzweig
- Salz
- Zucker
- 350 g Kirschtomaten, gehäutet
- 4 Artischockenböden, gekocht
- 4 Kabeljaufilets à 200 g
- weißer Pfeffer aus der Mühle
- Butterschmalz zum Braten
- etwas Zitronensaft
- 1 Bund Basilikum
- Öl zum Frittieren

1. Kartoffeln schälen, grob raspeln, salzen und 15 Minuten stehen lassen.
2. Schalottenwürfel und Knoblauch in 2 EL heißem Olivenöl anbraten, Pfefferkörner, Staudensellerie und Tomatenmark zugeben und kurz mitrösten, dann Tomaten und Kräuter hinzufügen, salzen und zuckern und zugedeckt bei schwacher Hitze etwa 25 Minuten köcheln lassen. Durch ein Sieb passieren und auf 1/4 l Flüssigkeit einkochen lassen.
3. Kartoffeln ausdrücken und mit Küchenpapier trocken tupfen. **4.** Kabeljaufilets salzen und pfeffern, Kartoffelraspeln auf der Fischinnenseite verteilen und fest andrücken. In heißem Butterschmalz von beiden Seiten vorsichtig braten. **5.** Jede Artischocke in sechs Segmente schneiden. Artischocken und Kirschtomaten in restlichem Olivenöl anschwitzen, mit Salz, Pfeffer, Zucker und Zitronensaft würzen. **6.** Abgezupfte Basilikumblätter in heißem Öl frittieren. Kabeljau mit Artischockengemüse, Tomatensoße und frittierten Basilikumblättern servieren.

Gebackener Kabeljau süßsauer

Zutaten für 4 Personen:

800 g Kabeljaufilet
2 - 3 EL helle Sojasoße
1 TL Ingwer, frisch gerieben
2 EL Palmzucker
6 EL Reisessig
100 ml Ananassaft
100 g Ketchup
1 Bund Frühlingszwiebeln
200 g frische Ananas, in Stücke geschnitten
1 Packung Tempurateig *
Öl zum Frittieren

1. Kabeljau in mundgerechte Stücke schneiden und mit Sojasauce und geriebenem Ingwer marinieren. **2.** Den Zucker in einer Kasserolle zerlassen und mit Essig und Ananassaft ablöschen. Ketchup unterrühren und 10 Minuten köcheln lassen. **3.** Frühlingszwiebeln putzen, waschen und in schräge, 5 cm lange Stücke schneiden. Mit den Ananasstücken zur Soße geben und kurz mitkochen. **4.** Tempurateig nach Packungsanleitung zubereiten. Die Kabeljaustücke darin eintauchen und in heißem Öl knusprig frittieren. Den Kabeljau auf Küchenpapier abtropfen lassen, dann in die süßsaure Soße geben, kurz vermischen und sofort mit gekochtem Basmatireis servieren.

* In Asiengeschäften erhältlich.

Pikante Spaghettini mit Kabeljaubällchen

Zutaten für 4 Personen:

- 2 Schalotten, in kleine Würfel geschnitten
- 450 g Kabeljaufilet, in Würfel geschnitten
- Salz
- Saft einer halben Zitrone
- 100 g Sahne
- 1 Knoblauchzehe, fein gehackt
- 2 EL Petersilie, fein gehackt
- 1 EL Schnittlauch, in feinen Röllchen
- weißer Pfeffer aus der Mühle
- Cayennepfeffer
- 2 Tomaten
- 2 rote Zwiebeln, geschält und halbiert
- 2 EL Olivenöl
- 100 g grüne Oliven, in Viertel geschnitten
- 2 Sardellenfilets, gehackt
- 1 EL Kapern, gehackt
- 500 g Spaghettini
- 1 kleine Chilischote, fein gehackt
- Zucker
- Butterschmalz zum Braten

1. Schalottenwürfel kurz blanchieren, kalt abschrecken. **2.** Eiskalte Kabeljauwürfel mit Salz und Zitronensaft würzen und mit Sahne im Mixer fein pürieren. Fischmasse in eine Schüssel füllen, Schalottenwürfel, Knoblauch und Kräuter dazugeben, mit einem Teigschaber gut miteinander vermengen. Mit Salz, Pfeffer und Cayennepfeffer pikant abschmecken und kühl stellen. **3.** Tomaten blanchieren, häuten, vierteln, entkernen und in kleine Würfel schneiden. **4.** Zwiebeln in Streifen schneiden und in heißem Olivenöl anschwitzen. Tomaten, Oliven, Sardellen und Kapern zugeben. Mit Salz, Pfeffer, Chili und etwas Zucker würzen und 5 Minuten köcheln lassen. **5.** Spaghettini nach Anweisung auf der Packung al dente kochen. **6.** Kabeljaumasse zu haselnußgroßen Kugeln formen und in heißem Butterschmalz goldgelb braten. Tomatensoße und etwas Nudelkochwasser unter die Spaghettini rühren und mit den Kabeljaubällchen servieren.

Saltimbocca vom Kabeljau

Zutaten für 4 Personen:

- 800 g Kabeljaufilet vom Mittelstück
- Salz
- schwarzer Pfeffer aus der Mühle
- 100 g Parmaschinken, dünn geschnitten
- 400 g Spinat, geputzt
- 1/2 Bund frischer Salbei
- 1 Schalotte, in kleine Würfel geschnitten
- 1 Knoblauchzehe, fein gehackt
- 2 EL Olivenöl
- frisch geriebene Muskatnuss
- Olivenöl zum Braten
- 2 EL junger Parmesan, grob gerieben

1. Kabeljaufilets in 8 gleich große Scheiben schneiden. Mit Salz und Pfeffer würzen. Jede Fischscheibe mit einer Parmaschinkenscheibe, einigen Blättern rohem Spinat und einem Salbeiblatt belegen. Mit einem Zahnstocher fixieren.
2. Schalottenwürfel und Knoblauch in heißem Olivenöl glasig braten. Den restlichen Spinat waschen und tropfnass dazugeben. Zugedeckt zusammenfallen lassen und mit Salz, Pfeffer und Muskatnuss würzen. **3.** Olivenöl in einer beschichteten Pfanne erhitzen und die Saltimbocca vom Kabeljau darin von jeder Seite goldgelb braten. **4.** Den Parmesan unter den heißen Spinat rühren, nochmals abschmecken und auf vier Tellern verteilen. **5.** Pro Person zwei Fischstücke auf dem Spinat anrichten und mit frischem Weißbrot servieren.

Kabeljau mit getrockneten Aprikosen und glasierten Perlzwiebeln

Zutaten für 4 Personen:
250 g Perlzwiebeln, geschält
80 g Butter
1 TL Zucker
2 EL Obstessig
100 ml trockener Sekt
8 Aprikosen, getrocknet
80 g Pinienkerne
1/4 l Fischsud
160 g Polenta (Maisgrieß)
1/2 l Gemüsebrühe
Salz, weißer Pfeffer aus der Mühle
4 Kabeljaufilets à 200 g

1. Perlzwiebeln in 10 g Butter glasig braten, mit Zucker bestreuen und hellbraun karamellisieren. Mit Obstessig ablöschen und bei schwacher Hitze 10 Minuten köcheln lassen. Dabei immer wieder mit etwas Sekt ablöschen. **2.** Aprikosen halbieren, mit den Pinienkernen dazugeben und leicht mit anrösten.
3. Mit Fischsud aufgießen und 30 g eiskalter Butter in kleinen Würfeln nach und nach einschwenken und die Soße damit binden. **4.** Polenta in 30 g Butter anschwitzen und unter Rühren mit einem Kochlöffel die Gemüsebrühe dazugießen. Unter ständigem Rühren in etwa 6 Minuten zu einem festen Brei kochen. Mit Salz und Pfeffer würzen. **5.** Kabeljaufilets mit Salz und Pfeffer würzen und in der restlichen heißen Butter bei schwacher Hitze langsam goldgelb braten.
6. Kabeljaufilets auf dem Zwiebelgemüse mit einer Nocke Polenta anrichten.

Kabeljau mit Räucherlachs gespickt auf gedünstetem Weißkohl

Zutaten für 4 Personen:

1 Kopf junger Weißkohl
1 Zwiebel, in große Würfel geschnitten
1 TL Butterschmalz
Zucker
1/2 TL Kümmel, fein gehackt
1/4 l Sekt
4 Kabeljaufilets vom Mittelstück à 200 g
100 g Räucherlachs
2 Eier
Salz
weißer Pfeffer aus der Mühle
Saft einer halben Zitrone
geriebenes Weißbrot zum Panieren
Butterschmalz zum Braten

1. Vom Weißkohl die äußeren Blätter entfernen. Den Kohlkopf halbieren, den Strunk herauslösen und die Hälften in 2 cm große Rauten schneiden. **2.** Zwiebelwürfel in Butterschmalz glasig braten, den Weißkohl dazugeben und mit etwas Zucker und Kümmel bestreuen. Mit Sekt begießen und bei schwacher Hitze in etwa 15 Minuten weich dünsten. **3.** Räucherlachs in 3 cm lange und 1/2 cm breite Streifen schneiden. Kabeljaustücke mit Hilfe eines spitzen Messers mit 6 Räucherlachsstreifen spicken. Überstehenden Lachs abschneiden (kann man gut weiterverarbeiten, z.B. für Lachstatar). **4.** Die Eier mit einer Gabel verrühren. Kabeljau mit Salz, Pfeffer und Zitronensaft würzen. **5.** Kabeljau zuerst in Eiern, dann in dem geriebenen Weißbrot wälzen. In heißem Butterschmalz von beiden Seiten goldgelb braten.
6. Die gebratenen Kabeljaustücke auf dem Kraut anrichten und mit Petersilienkartoffeln servieren.

Kabeljau im Wirsingblatt mit Rotweinbutter

Zutaten für 4 Personen:

- 1 mittelgroßer Wirsing
- 100 g Champignons, geputzt
- 100 g Egerlinge, geputzt
- 50 g durchwachsene Räucherspeckwürfel
- 2 EL Butter
- Salz
- schwarzer Pfeffer aus der Mühle
- Cayennepfeffer
- frisch geriebene Muskatnuss
- 1 Bund Petersilie, fein gehackt
- 4 Kabeljaufilets vom Mittelstück à 180 g
- 2 Schalotten, in kleine Würfel geschnitten
- 1 EL Öl
- 100 ml roter Portwein
- 1/4 l kräftiger Rotwein
- 120 g kalte Butter, in Würfel geschnitten

1. Äußere Wirsingblätter entfernen. 12 innere Blätter in kochendem Salzwasser blanchieren, mit kaltem Wasser abschrecken und auf einem Küchentuch nebeneinander ausbreiten. Die Mittelrippen flach schneiden. **2.** Champignons und Egerlinge in kleine Würfel schneiden. Speckwürfel in 1 EL heißer Butter anbraten, Pilze zugeben und weitere 2 Minuten mitbraten. Mit Salz, Pfeffer, Cayennepfeffer und Muskatnuss würzen. Etwas abkühlen lassen und die Petersilie untermischen. **3.** Kabeljau salzen und pfeffern. Pilze auf den Wirsingblättern verteilen, Kabeljaufilets darauf setzen und einwickeln. **4.** Öl und restliche Butter in einer Pfanne erhitzen, die Wirsingpäckchen hineinschichten und im vorgeheizten Backofen bei 180 °C etwa 6 Minuten braten. Dabei immer wieder mit Bratensaft begießen. **5.** Schalotten, Portwein und Rotwein bis zu einer siruartigen Konsistenz einkochen und die kalte Butter in Stückchen einschwenken. **6.** Die Päckchen schräg durchschneiden und mit der Rotweinbutter beträufeln.

Kabeljaustücke mit Muscheln in der Folie

Zutaten für 4 Personen:
600 g Kabeljaufilet
30 Miesmuscheln
Salz
weißer Pfeffer aus der Mühle
2 unbehandelte Zitronen
120 g Kräuterbutter - siehe Seite 33
100 ml trockener Weißwein

1. Kabeljaufilets in 3 mal 3 cm große Stücke teilen. **2.** Miesmuscheln säubern, wässern und auf einem Sieb abtropfen lassen. **3.** Pergamentpapier in 60 mal 60 cm große Quadrate schneiden, mit etwas Wasser bepinseln und in der Mitte einmal zusammenfalten. **4.** Kabeljaufilets und Miesmuscheln mit Salz, Pfeffer und dem Saft von 1 Zitrone würzen. **5.** Die zweite Zitrone in dünne Scheiben schneiden. Auf jedes Pergament in die Mitte 2 Zitronenscheiben, Kabeljaustücke und Miesmuscheln verteilen. Mit einigen Kräuterbutterflocken bestreuen und etwas Weißwein beträufeln. **6.** Die Papierenden so zusammenfalten, daß ein rechteckiges Päckchen entsteht. **7.** Im vorgeheizten Ofen bei 220 °C etwa 8 Minuten garen. **8.** Die aufgeblähten Päckchen am Tisch öffnen, mit frischem Weißbrot und einem Glas fruchtig-frischem Weißwein servieren.

Kabeljau nach Art „pil pil"

Zutaten für 4 Personen:

2 Knoblauchzehen, geschält
1 große Chilischote, gewaschen
4 Kabeljaukoteletts à 200 g
Salz, schwarzer Pfeffer aus der Mühle
200 ml Olivenöl
1 Bund Petersilie
Öl zum Frittieren

1. Knoblauch in dünne Scheiben, Chilischote mit Kernen in Ringe schneiden. **2.** Kabeljau mit Salz und Pfeffer würzen. In einem Bräter etwa die Hälfte des Olivenöls erhitzen und die Fischkoteletts von beiden Seiten kross braten. **3.** Restliches Olivenöl in einer zweiten Pfanne erhitzen, Knoblauch und Chilischoten darin anbraten und über die Fischkoteletts geben. **4.** Fischkoteletts im vorgeheizten Backofen bei 180 °C in etwa 5 Minuten fertig garen. Dabei immer wieder mit dem Olivenöl begießen. **5.** Abgezupfte Petersilienblätter in heißem Öl kurz frittieren und auf Küchenpapier gut abtropfen lassen. **6.** Fischkoteletts mit Petersilie und frischem Weißbrot servieren.

Tipp:

Kabeljau nach Art „pil pil" ist ein sehr beliebtes spanisches Fischgericht, das jeder Spanientourist einmal probieren sollte.

Gebratener Kabeljau mit Zitronenscheiben und geriebenem Meerrettich

Zutaten für 4 Personen:
400 g kleine Kartoffeln, geschält
1 EL Butterschmalz
1 Kabeljauschwanzstück von 800 g
Salz
schwarzer Pfeffer aus der Mühle
1 TL grobkörniger Senf
2 Zitronen
1 EL Butter
1 EL Sonnenblumenöl
1 EL Meerrettich, frisch gerieben
1/2 Bund Petersilie, fein gehackt

1. Die Kartoffeln 5 Minuten in Salzwasser kochen und abschütten. In Butterschmalz langsam von allen Seiten goldgelb braten. **2.** Kabeljaustück von der Haut befreien, mit Salz und Pfeffer würzen. Kabeljau in einer beschichteten Pfanne von beiden Seiten anbraten und in eine gebutterte feuerfeste, ovale Form geben. Mit Senf bestreichen und mit geschnittenen Zitronenscheiben belegen. **3.** Im auf 210 °C vorgeheizten Ofen 15 bis 20 Minuten braten. Dabei öfters begießen und kurz vor Ende der Garzeit die Kartoffeln zugeben und mit braten lassen. **4.** Meerrettich und Petersilie zum Schluß über den Kabeljau geben und servieren.

Tipp:

Gehackte Sardellenfilets in schäumende Butter einrühren und über den Fisch geben. Die Zitronenscheiben verleihen dem Gericht einen besonders frischen Geschmack. Schale aber besser nicht mitessen.

Fürst Bismarck
FÜRST VON BISMARCK
Fürst von Bismarck
FLASCHENGÄRUNG
MONTE
Sauvignon
D.O. CURICO
1998
ESTATE BOTTLED
ALC. 13.5% VOL.
Cape '99

Weine zum Fisch und Nachtmann - Gläser zum Wein von:
Weinhandlung Carl Tesdorpf
Mengenstraße 64, 23552 Lübeck
Tel. 0451 79 92 70 - Fax 0451 70 70 726

bistro zu testen...
...auf diesen Seiten ganz besonders!

ELLE BISTRO PACKAGE
mit den letzten erschienenen
4 Ausgaben von ELLE bistro.
Geschenk-Nr.: 3634

WIEGEMESSER
aus Edelstahl.
Geschenk-Nr.: 4857
Zuzahlung DM 8,–

Kostenlose Abo Hotline: 0800/100 17 59

Aktions-Nr. 617610M

Register

Erscheint Frühjahr 2000